© ENTRE BLANCO Y NEGRO

Autora: Azalea Esquerre

Editora en Jefe: Andrea Vivas Ross

Diseño y Maquetación: Raquel Colmenares Ross
de Become Creative Studio @become_studio

Corrección de texto: Andrea Vivas Ross

Corrector Asistente: Valentina Prieto

Ilustración de dedicatoria: Alejandro Abreu

Prólogo: Arianna Arteaga Quintero @arianuchis

Casa Editorial: Paquidermo Libros @paquidermolibros

Producción Independiente: ©Paquiderpro, C.A.

Primera Edición: noviembre, 2021
Miami, USA.
Reservados todos los derechos. Prohibida la reproducción parcial
o total de la obra sin permiso escrito de la editorial y los autores.

ISBN: 978-1-7356777-9-8

**ENTRE
BLANCO
Y NEGRO**
—
**AZALEA
ESQUERRE**

Al vientre que me hizo posible y me sigue haciendo.

A ese amor que ha trascendido de la ausencia
a la certeza.

A las almas que no han roto el hilo.

Al coctel de hormonas que corre por mis venas.
A todas ellas... en especial a mis pequeñas.

A mis raíces y a mi historia fértil que las alimenta.

A las promesas.

/ Introducción

Yo, que amo y me entrego.
Todo o nada.
Yo, que me apasiono y me enfrío con la misma intensidad;
que sobrevaloro las mariposas en el estómago y cuestiono mi alma y sus decisiones para evolucionar.
Yo, que quiero brillar sin someterme al juicio, que me creo extremos sin matices, resulta que he descubierto mis grises y los llevo a letras, intentando ser inmortal.

A veces pienso en prosa, pero, de vez en cuando, camino sin pisar las líneas, saltando cuadros y baldosas. Deambulo entre mis emociones y las palabras que hoy te recorren… tengo lados oscuros, sombras, contrastes y plenitud. Esquinas punzantes, desequilibrantes e intenciones no siempre claras, pero bañadas de luz.

Compleja, incansable y hecha de dudas, hurgo en busca de algo que me haga conectar contigo, conmigo y con este sueño que, sin darme cuenta, se hizo realidad.

Te invito a leer mis blancos, mis negros y todos los destellos que, a continuación, vas a navegar.

/ Prólogo

Solo una mujer con nombre de flor podía cultivar un lenguaje tan luminoso para hablar de blancos, negros y grises.

Lo primero que descubro, al leer a Azalea, es que mientras mis ojos recorren sus letras, yo sonrío con ternura porque no paro de encontrarme en ella, porque tengo la sensación de que la quiero abrazar, de que la percibo cercana, amable, llana, honesta. Mía, mi amiga.

No hay pretensiones de índole intelectual, no hay necesidad de separarse de lo sencillo. Azalea cultiva, con los pétalos de sus palabras, la aparente simpleza del ser.

No hay, tampoco, una presunción de elaborada elevación espiritual, qué va. Hay un sentir llano, deliciosamente honrado, en el que se refleja su ingenua capacidad de verse muy desnuda, sin sentir mayor pudor.

Cuando la leo, me da la impresión de que su niña interna se mantiene curiosa, mirona, inclusive, casi voyerista del sentir, y que la escritora goza del ejercicio auto exploratorio como si se tratase de un pequeño juego inocente.

Sonrío porque la quiero abrazar, y otras veces sonrío porque quisiera que ella me abrazara a mí, a través del transcurrir de sus letras que bailan juguetonas, descalzas y desvestidas de carmesí.

Entonces, me cae la locha.

Azalea me tiene jugando con ella; también me quité las sandalias, me llené de barro las raíces y me deshice el vestido de flores para lanzarme al juego de verme adentro sin querer alcanzar jamás el epílogo.

Jugamos a la rueda-rueda de vernos el alma, al escondite de las sombras, a la ere paralizada de la vida; danzamos sobre el fuego, encendemos la brisa y soplamos el cielo.

Por eso es que sonrío, porque la pesadumbre de la auto indagación se aligera entre los pétalos retozones de las letras de Azalea.

Sonrío ligera de arcoíris ***Entre Blanco y Negro*** de una mujer que es flor.

Arianna Arteaga Quintero.

BLANCO

/ Quiero escribir una historia

Yo quiero hacer una historia, contártela desde cero, que sientas lo que se siente mirarme frente al espejo.

Quiero trazos que susurren mis latidos; quiero líneas que separen mis conflictos; quiero arrugar mis errores y encontrarlos en la papelera arrepentidos.

Voy inhalando en acentos y con puntos suspensivos… exhalo, borro y vuelvo a empezar.

Yo quiero hacer una historia que traspase tus pupilas, que me permita tocarte con comas y entre comillas, y me deje rescatarte o sonrojar tus mejillas.

Yo estoy aquí para darte lo que rinda este grafito, tras desgastarle la punta, conjugando el infinito…

Yo vine aquí a devorarme todo el presente posible, sin ánimos de agobiarte; quiero encontrarme en tu voz, vulnerando tus instintos, profundamente insaciable, que te leas en mi escrito.

/ Astrológicamente intensa

Una cálida mañana de pueblo, ¡mentira!,
una muy caliente y asfixiante mañana guayanesa,
en pleno vaporón, nació una niña hembra como reza
su partida.

Luego del arduo trabajo de parto —natural y por
fórceps—, tan indecisa que tardó más de doce horas
evaluando su llegada a la sala compartida del hospital,
vino al mundo intensa y caprichosa; me atrevo a decir
que no podía iniciar su historia de manera menos
dramática porque las cosas son como son
desde el principio.

Intentó controlar desde su primer respiro.
La vida comenzó... motivo este más que suficiente
para ser vulnerable y desbordarse en llanto;
muy Escorpio, de naturaleza complicada,
según la astrología, perfecto escudo para señalar
a los astros en situaciones complejas.

/ Papel, ganas y a la obra

Así inicia cada cuento: un sueño, un montón de historias.
Permiso para la magia, dar rienda suelta a los dedos
y desgastar el grafito, consumiendo el borrador,
gruñendo con las ideas que no paran de llegar,
que no llegan o no alcanzan, que van derramando copas
que no acaban de llenar, van y vienen, no concretan,
desenfocan, se detienen, no descansan, marcan pauta
sin parar, aunque no se ven pasar, hacen parar las agujas
mientras transcurre otro día sin poderla terminar.

Y en medio de esta marea, estamos mi incertidumbre
y yo, con mis infinitas líneas esquivas y jabonosas,
que se debaten incansablemente para desplazarse
unas con otras.

De lo dulce a lo gracioso y lo intenso que resulta:
mucha pasión, pocas líneas, más ansiedad que otra cosa.
Paso los días tecleando, con mis fantasías rosas, muchas
letras, pocas prosas, algunas llegan, pocas se rozan,
unas encuentran lugar arrimándose a las otras.

Yo me consumo en la sensación de sentirme tan
distante, en algún rincón ajeno a esa historia penetrante,
a las ideas que antes fluían durante la madrugada,

en un stop —frente al rojo—, eran hasta impertinentes,
un tanto indeterminadas. Huían a la inminente corneta
desesperada, impacientes cual pestañas que ven
caer cada noche, a través de su ventana, sin el brillo
parpadeante de dar a luz en silencio; busco una idea
desafiante, irracional, descarriada, que al romper fuente
me inunde descontrolada, cada fibra, las baldosas,
los pliegues y las esquinas; cada papel, cada cosa
con su esencia respectiva, cada verbo, cada estrofa,
cada plural, cada cable, dejando nacer la chispa
y la magia desbordarse.

/ Dejar que la vida te distraiga
es más que un modo de vivir:
que entre tantas ideas durante el día
más de una te disperse es toda
una filosofía de vida.

Despertar sin miedo a las alturas,
a la realidad, al mundo, es un síntoma
de que te ha pasado arte, colores,
letras, sabores... pasar las páginas
con olor a café o tinto en los rincones
es en medio de una nota, muchas
notas, descubrir el silencio entre
tanto ruido. Tener las especies listas,
dejar la llama encendida.

Ser vulnerable, dudar, probar, susurrar,
escuchar los sabores
y experimentar, tocar e ir dejando
huella, estremecerse o erizar...
dejarse llevar, sin rutina no hay
desorden, sin pecado no hay
arrepentimiento, sin pasión no hay
acción, sin chispa no hay mariposas.

Sonriendo, llorando, divagando...

/ A veces a pie, a veces volando

/ CARTA ABIERTA
A mi hermanita menor

Aún queda mucho por recorrer... no te dejes encandilar.
La vida es un suspiro y los suspiros son deseos.
Respirar y desear: fundamental para suspirar.

Deja que tus palabras vengan del corazón,
no del estómago: la acidez estomacal quema y arde,
mientras que la sangre, antes de llegar al corazón,
es purificada para ser amable.

La vida te espera. Puedes sentarte a verla pasar... correr
y perderte detalles o caminar junto a ella. Siéntela,
que las ganas te lleven a andarla y quererla.

Sueña siempre, siempre sueña. Sé la protagonista de tus
sueños y no pierdas tiempo en quien no te sueña.

Sonríe. La vida sabe mejor con una sonrisa en los labios,
y si lloras, que cada lágrima valga la pena
y que cada pena valga la lágrima.

Ámate antes de amar, conócete antes de tratar de
entender a los demás, respétate antes de aceptar a otros.
Agradece tu vida... quienes te amamos, entendemos y
valoramos formar parte de ella.

/ No soy yo, pero es mi sangre la que se filtra en esa máquina

¡Vivir para sobrevivir no es suficiente! Llevar la vida a medio vivir no sirve de impulso cuando no hay manos de apoyo, cuando se pierde el horizonte: sin ganas, el humor renuncia a ese hogar que le dio cabida durante tantos años; las esperanzas se marchitan, la sonrisa se desdibuja y la alegría se transforma en esa pesada soledad que atormenta más a oscuras que a la luz del día.

Un día, una emergencia, un diagnóstico, una solución, una esperanza: todo pasa de golpe. Llegan juntos y tienden a aturdir, alguno de los puntos se pierde en el camino y, entre el luto y la pena de saberse inválido de ambos riñones, los primeros en pasar desapercibidos son la esperanza y la solución.

Aceptación del diagnóstico: paciente nefrópata que amerita diálisis. Medianas expectativas de vida, apto para trasplante, arduo camino por recorrer y muchos mitos por superar.
La insuficiencia renal es una enfermedad de la familia.

Nunca imaginamos cuán importantes son los órganos de nuestro cuerpo hasta que fallan. Los riñones son una compleja maquinaria que purifica la sangre de desechos y exceso de líquido, monitorean la concentración correcta de sustancias químicas y liberan hormonas que estimulan la producción de glóbulos rojos, regulan la tensión arterial y ayudan a mantener el calcio para los huesos.

Si dejan de funcionar, el cuerpo humano pierde el equilibrio y necesita apoyo mecánico y emocional. El órgano más afectado por la falla renal es el corazón, porque enfrentar el destino pendiendo de un hilo y aferrarse a una esperanza, aunque parezca tan frágil, es elegir vivir la vida viviendo, pero con el corazón en la mano.

La diálisis es una terapia de reemplazo renal y emocional, que proporciona la función perdida por el mal funcionamiento de los riñones y devuelve a la familia la unión perdida por la desintegración. Este tratamiento de soporte vital produce un filtrado que purifica la sangre y el alma, retirando del organismo los elementos y recuerdos tóxicos que en algún momento perdimos la capacidad de desechar.

Controlar cada latido, entender por qué se afanan o se adormecen, ir en búsqueda de las palabras correctas, recuperar el equilibrio sobre un futuro nítido, prohibir el paso a la soledad, encontrar refugio en la humanidad y la paciencia. Lograr que cada medida deje de ser crucial, dejar de sentir no es una opción... hacer que valgan la pena esas doce horas semanales, que la falta de fuerzas no se lleve las ganas y que la esperanza sea lo último que se pierda y no una frase trillada. Sentar el corazón al lado de Dios, pero mantener el alma pegada al cuerpo es el camino en busca de un donante.

El amor es la mejor diálisis...

LA SOLEDAD ES UN ESTADO DE ÁNIMO.

/ En esta piel

Qué rico es ir por la vida redescubriéndose. Nacer en esta piel.
Ser mujer. Ser creación. Ser vulnerabilidad y ganas.
Agonía y cansancio por lograr.
La tensión por vivir la vida y la calma de aprender a vivirla en paz.
Extremista coctel de hormonas versus la lucha de hallar grises y matizar.
Preferir los pies descalzos y priorizar la libertad.
Abrazar en la distancia aunque no sea igual.
Disfrutar las ventajas de lo simple, desplazando el exceso que reste para respirar.

Intentar ser real en medio de tanto filtro, y permitirme caer en la **tentación** con dignidad.
Meditar mientras cocino.
Amar los atardeceres, porque brillan,
me estremecen y no me hacen madrugar.
Creer que dejo mis complejos en el mat,
reencontrarlos en lo oscuro,
caerme a golpes con ellos... abrazarnos y perdonar.
Redescubrir mi reflejo a medida que me amo
un poco más.
Viajar, viajar por el mundo, viajar en el tiempo, viajar por mi cuerpo, por mis sensaciones, mis emociones, pensamientos e intensidad.

Viajar al pasado y prometerle a la niña cuando sea grande ser como ella… porque el alma de toda mujer merece deslastrarse y volver a empezar.
Con esa experiencia que me hizo entenderlo,
volver a la magia que me hizo ser y me trajo hasta acá.

/ Vamos...

Vamos a querernos un poquito más.
Vamos a ser felices.
Vamos a jugar.
Vamos a abrir el corazón.
Vamos a reírnos.
Vamos a entendernos y a equivocarnos.
Vamos a enamorarnos y a delirar...
a hacer el amor, a bailar.
Escucharnos en silencio,
alejarnos para extrañar,
querernos sin necesitarnos,
sentirnos sin tocar,
presentirnos sin presentarnos.
Vamos a encontrarnos en libertad.

/ Un amor
que encandila

Y CUANDO ME ENCUENTRE...

¡SEGUIRÉ BUSCÁNDOME!

Casi treinta y nueve y sigo hurgando,
empezando y encontrando piezas. El borde es
menos complicado, adentro está el desafío.
Sanar para aprender a vivir: amar,
                  respirar, respirar, respirar, soltar.
Aquí estamos él y yo en esta aventura que nos tocó.
Yo queriéndolo con condiciones.
Él aceptándome, enseñándome, hablándome.
Yo pretendiendo controlarlo y exigiéndole.
Él demostrándome que lo puede todo cuando dejo de presionar.
Yo y mi afán de abrir el corazón y mantenerlo abierto.
Él en su batalla por protegerse y no aceptar.
Yo y mis ganas de sudar complejos.
Ellos sin ánimos de marcharse...
Yo intentando confiar en el presente.
Él haciéndose sentir, tomándome de la mano, abrazándome.
Si esto no es magia, entonces que alguien me explique:
¿cómo es que brillo y me reconstruyo en cada chispazo?

/ Procuro inhalar y exhalar

He aprendido a cambiar ruido por sonidos, a modificar mis pensamientos, silenciar para escuchar, cerrar los ojos para enfocar, reemplazar temores que paralizan por los que aceleran la respiración, anidan mariposas en el estómago y hacen saltar; esos que te sorprenden con un chapuzón y te empapan con una sonrisa.

Un día desperté llena de miedo a equivocarme, a vivir, a dejar de respirar e incluso a seguir haciéndolo. Pasó un buen tiempo para darme cuenta de que justamente esos vacíos y abismos mentales no los quería heredar.

Ahora me busco y me encuentro donde mi alma halla refugio. En reflejos de calma que me hacen flotar y me traen a tierra. En esos cristales que asustan y alteran mientras me enamoran, derriten, sanan y moldean.

Mi salud mental no es negociable, ha sido un camino interesante en busca de **equilibrio y extremos.** Corregir hábitos ha sido fundamental: desconectarme para reconectar, resetear, desintoxicar, amar, sobre todo, amar y entenderme, aceptarme y validar cada emoción, cada angustia. Pedir ayuda, hablar, llorar, gritar... esto ha sido lo más difícil, en especial, para quienes estamos acostumbrados a rescatar. Y, de repente, descubrimos que antes de darle aire a otros definitivamente debemos cerciorarnos de respirar.

/ Me reclamo y me arrullo.
Me equilibro y me pierdo.
Me malcrío y me apego.
Sano y me contradigo.
Mi mente no calla, no para.
Me comparo, me encanto.
Soy humilde y etérea.
Me hago brisa y me vuelvo piedra.

Me pongo de pie, me aplaudo y me
hago presa del destino inalcanzable
que, a diario, me trae de vuelta,
me reescribe, me enjuaga, me
descomplica y otra vez me enreda.
Me roza, me atrae, me lleva,
desconcierta y llena.

Me deconstruyo, me huyo.
Me muevo, me entrego.
Me incomodo, me inquieto, respiro...
Me amo, me hiero, me elevo.

Así es el mat de permeable,
orgásmico y permisivo. Insensato...
auténtico, vulnerable.

/ Con el alma en el aire y los pies en el mat

/ Te presiento

Y llenarás de calma mis rincones
al teñir de blanco mis suspiros.
Crearemos nuestro propio cuento
de hadas, no más sapos, ni tonos
azules; no más brujas, ni colorín
colorado sin destino.

Presentiré tus pasos al erizar mis
caminos, encendiendo en llamas
lo vivido, reduciendo el pasado a
referencia y llenando de presente
unos labios bañados de latidos.
Beberemos el mismo aire hasta
que se extinga el **último gemido**...
o hasta que el cuerpo aguante este
verano... y los inviernos queden
en el olvido.

ESPERANDO QUE

ME ROBEN UN BESO,

RECORRER EL MUNDO,

ENCONTRAR EL BALANCE

Y VIVIR EN PAZ.

/ La vida destinada a discernir:
cuestionarnos,
volver a la base,
al amor,
a la inmensidad,
a lo que fuimos,
a lo que seremos,
a lo que vinimos.
Mientras respiremos… seguimos.

/ A Grace

/ El mundo está más lleno de calma
que de caos.

Cohabitan y se alimentan el uno del
otro para entenderse, valorarse,
saberse...

El tema está en enraizarnos e ir
adentro para diferenciarlos, sin que
nos perturbe la falta de armonía que
incluso hace vida en medio de esa paz
que, a veces, no estamos preparados
para encontrar.

Nuestra mente es capaz de
navegar desde las emociones más
sutiles hasta las más *huracanadas*,
y llevarnos a entender que
humanamente la vida está ahí,
pasando en frente,
haciéndose realidad, siendo...
esperando que la elijamos de la
manera más compasiva
y presente para abrazarnos.

/ Mi caos hormonal

/ Cuando nuestras luces se encuentren

Ha pasado el tiempo y no sé cuánto más va a pasar… espero paciente porque es tanta mi certeza de que al encontrarnos mi corazón estallará, que me reservo estas ansias
de darnos las manos y comenzar a explorar.

Sin cuestionarnos el antes, ni cómo llegamos hasta acá; dejar, en ese instante, que pase
lo que tenga que pasar.
Yo creo en la magia, en las burbujas,
en las hadas, en mi estómago y todo lo que ahí dentro pueda revolotear; creo en tocar
el cielo a cada instante, cuando me mires
de frente y cuando recuerde que me vas a mirar.
Creo en apagar las luces y no necesitar
verte para llegar.
Creo que ya estamos hechos a nuestra medida y que al encontrarnos todo va a encajar, yo en mi intensidad y varios grises, tú con tus extremos
y matices.

Me estremeceré con tus manías, mientras coloreas mis rincones, y me haré agua por
ti, mientras mi aire se pierde en tu boca con nuestras imperfecciones.

/ Despertando en mí

Quiero ser la práctica,
el agradecimiento,
la presencia,
la respiración,
la esencia, la chispa,
la magia,
las sensaciones
y sus colores.
Honrar esta existencia
antes, durante y
después de sí misma.
Permitirme cerrar los
ojos y finalmente ver,
empezar a entender,
desaprender y volver...
siempre insistir en
volver a lo que vine en
mi primer suspiro,
a lo que llegué con mi
primer llanto,
a lo que buscaba cuando
decidí regresar.
Ni víctima ni sufrida
conectando
con la herida.
Gracias por este viaje
de ida y vuelta a la vida.

/ Donde el sol se oculta y vuelve a salir

Mi refugio, mi rinconcito, mi logro alcanzado,
mi hogar.
Mi dibujo libre, mi lugar de paz.
Donde me oxigeno, me desconecto, me recargo.
Donde sueño y despierto, abro los ojos y a veces
los cierro cinco minutos más.
Donde continúo, me levanto y vuelvo a empezar.

En esta casa se respeta,
se valora,
se quiere,
se agradece,
se habla dulce,
se grita de alegría,
se llora por humanidad,
se alimenta el alma,
se curan heridas,
siempre hay té, hierbas, verde, amor y amistad.
Se ahorra luz por el planeta, se escucha,
con los ojos se dice "buenos días"
y se dan las buenas noches.

Se sonríe... se respira... se abraza, se abraza
mucho... se siente, se vive, se deja correr el
tiempo, se confía, se cree, se aprende y se crece.

/ Otro que se va
y me deja aprendizajes

Este año, la vida me enseñó a agradecer por lo que
tengo, por lo que viene, por los recuerdos,
por lo que se va…

Me enseñó que algunos trascienden para descansar,
mientras otros seguimos latiendo para avanzar.

Me enseñó que para ser feliz solo hace falta quererlo.

Te extraño mucho, pero te recuerdo más:
mi Santa Claus, mi cielo de colores explosivos,
mi carta sin errores, los estrenos, el brindis a las 12
en punto, las uvas, el descorche de champagne.

Este año me enseñó que vivir deja recuerdos,
el mejor regalo, ¡no pido más!

Que lo que quedó atrás enseña y lo que viene
adelante me enseñará más.

Que exigirle a la vida es un grito de auxilio por romper
las cadenas que yo misma decidí atar.

Que lo que se va siempre regresa si la lección
no fue pasada con A.

**La magia de la vida
es encontrar arte**

**en los ojos
de los demás.**

/ ¿Cuánto vale un suspiro?

Sana heridas,
cura depresiones,
mal de amores
y frustraciones.

Es la mejor manera de
celebrar la vida, los latidos
del corazón y las metas
cumplidas.

Ayuda a bajarle el volumen
a los pensamientos,
silenciar la crítica
y pausar los desaciertos.

Da sentido a la razón,
intención a la pasión
y se adueña del momento.

/ Receta antes de saltar

Una tacita de ganas, un cubito de energía,
cucharadita de miel y hojitas de manzanilla.
Un trocito de jengibre, un toque de fantasía,
un chorrito de color y un grano de picardía.
Un puntito de pimienta, una pizquita de sal,
ralladura de naranja y vainilla para endulzar.
Un ápice de locura, unas hojitas de albahaca,
un palito de canela y una chispa de pasión.
Unas gotas de limón, un pellizco de emoción,
esencia de menta al gusto ¡y toneladas de amor!

Un suspiro y el recuerdo, un deseo y el tesón,
el sol junto a la montaña, o un amanecer de dos.
El desayuno y las ganas, el alma y el corazón...
¡Tan orgánica la vida cuando se trata de amor!

La magia está en la ansiedad de ajustar cada
detalle: bajar la llama, salpimentar, remover
hasta que cuaje, amasar, probar, picar. Ver
el humo dispersarse con mi sabor especial,
mientras el tiempo transcurre a fuego lento
para hornear esta idea que, de pronto,
se comenzó a cocinar.

La esencia de la cocina va de rama en rama, de
flor en flor, mezcla de colores, aromas y sabor.
Mis manos son el medio, mi motor el corazón.

Ingredientes y preparación:

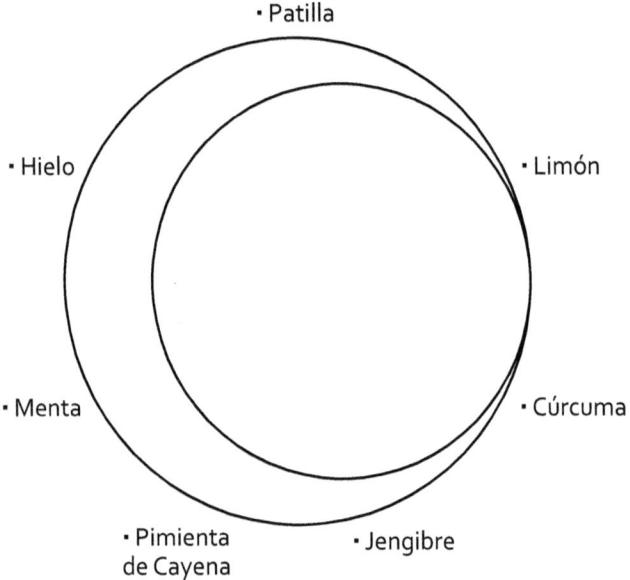

- Patilla
- Hielo
- Limón
- Menta
- Cúrcuma
- Pimienta de Cayena
- Jengibre

Licuar todos los ingredientes y disfrutar junto al sol... frente al mar.

/ Mientras te leo

Mis piernas no son largas
ni interminables,

las puedes recorrer
en un instante;

en un instante breve
como un suspiro,

o en un suspiro interminable
como un **l a t i d o .**

/ Sonrisa de luna nueva

Buenas noches, señorita, ¿a qué debemos su sonrisa?
En lo oscuro, sin motivos, felicidad descarada.
Llega, se presenta sola y se cuelga en la ventana.
El mundo no se detiene, pero nada más pasa...
Solo esa risa nerviosa, titilante e iluminada.
Un instante de atención, su reflejo en las pestañas.
Solo quiere que la vean, sin decir una palabra.
Algún recuerdo vendrá a amilanarte las ganas.
Un suspiro, un parpadeo,
no necesitas algo más.
Coquetea sonreída, busca chocar las miradas,
vagabunda y tan lejana.
Entre tanta oscuridad,
pasea en la noche plena,
con tanta seguridad,
no le teme a las alturas,
insinúa muy discreta.
No teme ser alcanzada,
sabe todos los secretos que esconde la madrugada.

/ Siempre llegas hasta mí,
arrebatándome el sueño.
Te enredas en mis cobijas
te apoderas de mi cama.
Me posees, yo me dejo.
A veces no estoy de humor,
haces que me desespere,
tus propuestas, mis complejos,
mis rincones, tus secretos.

Mientras me llenas de ti,
mientras hacemos lo nuestro,
yo de pronto me estremezco,
quiero llorar y reír.
Vamos juntos de la mano,
puedo leer entre líneas,
sintiéndote en mi interior
cumplir cada fantasía,
quiero gritar de emoción.
Tú y yo juntos en lo oscuro,
solos en la intimidad,
tu susurro y mi conjuro.

Tú ya eras parte de mí,
somos el uno del otro.
No me dejes escapar,
sin una página nueva.
Riega tu tinta en mi ser,
firma esta obra pasajera.
Perdámonos en el acto,
enredados en las ganas
de tocar el cielo juntos,
mientras va saliendo el sol,
sin percibirlo siquiera.

Solo tú, creatividad,
puedes darme tanto alivio.
Trasnocharme junto a ti
siempre ha valido la pena.
Me levanto más lozana,
más segura, más ligera,
y me siento una heroína
por llegar junto a tu idea.

/ Creatividad resbalosa

/ Curiosa
sonrisa

Me causa curiosidad la gente que siempre
lleva una sonrisa en la cara.
Parece que recordaran quizás una travesura...
¿O tal vez un orgasmo?
Reviviendo, regresando.
No es bueno vivir en el pasado, pero los orgasmos
bien vale la pena conmemorarlos.
A veces nos vanagloriamos por tener muchos,
y otras veces no sabemos para cuándo.

**BRINDO POR VIVIR EN
TUS BURBUJAS.**

GRIS

/ Ansiedad y pertenencia

Entre contrastes y razas, con altas temperaturas, este alucinante espacio te trae todo a la vista, la realidad pixelada, oxígeno húmedo e irritante, te arrastra hacia el paraíso, te encandila con razones, vacíos, ego, bocas sedientas, trasnochos, ansiedad y pertenencia.

Trascienden piel y pecados, huracanes, fantasías, acentos y callejones. Tan absoluta es la magia y el placer de poseerla que saboreas las notas, sin miedo a despertar ebria. Magnetismo y condimentos se sirven y te rodean; galerías y fogones de culturas descaradas, dándole sentido al alma, sus raíces y sus huellas cimentadas.

/ El corazón en una maleta

Y resulta que un día te levantas con unas ganas terribles de huir de aquella realidad de país que se vuelve asfixiante... pero empezar de cero, lejos de tu vida conocida, no es fácil; debes cumplir una serie de requisitos emocionales que te permitan evolucionar.

Empiezas a echar cabeza para ver adónde carrizo puedes resguardarte: si eres como yo, más criolla que el pabellón, se pone chiquito el mundo porque las opciones son cerradas. Conseguir empleo o marido en el extranjero parecen ser los vuelos más directos; estudiar es otra vía, pero con escala, sin remuneración y esperando ver qué depara el destino en el *mientras tanto*. Tres panoramas con igual porcentaje de éxito o fracaso, tal vez más inclinado hacia un lado, pero las probabilidades dan para todo y más...

Tomas una de las decisiones y te enrumbas en los preparativos para volver a empezar.

Guardar la vida en una maleta se hace imposible: quieres meter el corazón en un baúl y ponerle pausa un ratito, pero sin que deje de latir... buscas refugio en amigos, quizás un vino, mucha música y te convences de que es lo mejor para ti y para todos.

Pasaje en mano, se conjugan un montón de emociones: lloras de alegría y te tragas las lágrimas amargas. Te ríes de todo lo que pudo ser y no pasó, te peleas con la vida y te reconcilias contigo, vuelves a querer los caminos y te descubres amante de detalles que antes no valorabas.

En la mañana tratas de cortar el cordón y en la noche te aferras a él. Cada día te saben mejor las arepas de mamá y el Ávila amanece más verde e insinuante.

Sueñas con lo que pasará, fantaseas con lo que quieres que pase y despiertas en penumbra, asustada por lo que dejas, convencida de que pronto regresarás a buscarlo.

Necesitas un abrazo que es mejor no pedir, una mano que es preferible no agarrar, un hombro donde es mejor no apoyarse y una bendición que jamás podrás olvidar. Aprender a vivir en soledad no se logra desde acá, se vive, se llora y se disfruta en el momento indicado, así que abraza, toma esa mano, sube ese cerro, cómete esa arepa y llora en ese hombro...

¡Caer y levantarse, siempre valdrá la pena!

/ Rincón
de contrastes

El sol y su calor iridiscente encandilan e invitan a embriagarse al borde de la sal o algunos labios sedientos, tal vez trasnochados. Contraste multirracial deja todo a la vista, entre altas temperaturas y el hedonismo arrastrado por la marea a este paraíso al borde del mar.

Saciar el ego, llenar vacíos, ahogar la ansiedad, o simplemente dejarse llevar por aquella ola consumista con sabor a pertenencia social, en nombre de la libertad. El pensamiento humano trasciende la piel y los pecados. Aun entre sábanas, se despereza una tendencia amanecida entre ideas, baño de sueños, fantasías sofocadas, calmadas y huracanadas, la pasión de crear.

Entre lo absoluto y lo bohemio: galerías, humo y tintos, la creatividad urbana como protagonista; el lienzo es la calle añejada en la esencia de artistas que se plasman en murales y grafitis, los pasos no están dados por inercia, el talento refleja una causa y efecto del alma, sus raíces y la huella que dejarán.

Imágenes, cadencias, pinceladas; sabores, reflejos, callejones; estilos, culturas, sonidos, acentos y colores; matices, firmas, materia… esencia y esencias, especies y especias… un espacio y el placer de hacerlo tuyo… y ser parte de él. Gracias, Miami.

/ La magia
de la Noche Buena

La esencia de mi noche buena tiene ese olor delicioso a guiso de hallacas que impregna la casa, el pernil horneado a fuego lento para que quede jugoso y la ensalada de gallina con trocitos de manzana.

El imponente árbol brillante, perfectamente decorado con el corazón en cada bolita. La colección de pesebres, rincones iluminados y llenos de regalos. Burbujas, amigos secretos y amigos queridos, deseos, cartas, uvas, promesas, propósitos y bendiciones; abrazos en familia, la llegada de Santa, destapar al Niño, el Año Nuevo, cielo explotado, lágrimas, cohetes, descorches, risas, suspiros con un toque de pino y canela para la suerte.

La distancia suma valor a esos detalles que perdemos de vista cuando son cotidianos, pero la incertidumbre de volver a vivirlos nos aferra a las tradiciones y hace que, desde lejos, saboreemos cada plato y cada aroma. No olvidemos la ropa interior amarilla, atragantarnos las uvas, sacar a pasear las maletas con pasaporte en la boca.

La esencia de esa noche especial está en los momentos vividos, pero la magia de la Noche Buena nace cuando los recuerdos cobran vida: en la fe por cumplir nuestros propósitos de Año Nuevo, en la bondad de compartir, dar sin necesidad de recibir, agradecer lo que dejó el viejo año, en regalar amor para atraer prosperidad. La Noche Buena está en el corazón, durante el ocaso y al salir el sol. Al final, resulta que no se trata solo de las reuniones a las que asistes, sino también de las que te ausentas; ni los abrazos que das, también los que añoras; las diferentes maneras de estar presente, deshojando una hallaca, contando campanadas y levantando la copa,
en la distancia, esperando el cañonazo
y sintiendo cada abrazo.

/ De vuelta
a mí

Las agujas del reloj giran al ritmo de mis latidos...
de repente tan lento y en segundos tan acelerado
como mi respiración.
Voy a ti, voy a mí, voy a un encuentro, al punto donde todo
comenzó y tuvo su final, en busca de nada, solo dejándome
llevar por ese destino con tiempos perfectos que me
arrastran a pasar la última página y cerrar el libro.
Te hiciste pasado en un abrir y cerrar de ojos empañados,
entre el sonido de alguna corneta desesperada camino a
casa, sobre el asfalto mojado; en tantas melodías con letras
dedicadas: en un aroma extraviado y algún sabor lejano.
El problema de las expectativas es que son solo eso... se
vale soñar juntos, pero no el engaño, es cruel, aunque
a veces parezca necesario. Había tantas formas de

mantenerme a tu lado, pero qué sentido tiene ahora
cuestionar tus métodos. No renuncié a ti porque no se
puede renunciar a la pasión únicamente con una carta de
despedida, pretendiendo no dejar huellas:
la intensidad va más allá del amor.
El tiempo sigue su camino y mi corazón se dispersa, volver
a ti sin ti es una prueba de fuego que ya no arde en llamas
porque le falta oxígeno; no hay pecado sin paraíso,
ni absolución sin arrepentimiento.
Yo también te presentí antes de encontrarnos. Tu calor
derritió mis miedos, fuimos uno. Te fundiste en mí,
enseñándome cuan lejos se puede llegar solo queriendo
o ¿~~amando?~~
Aquello que fui al partir, el recuerdo amargo de esa tragedia
griega se desliza por mis mejillas y dejo caer cada gota,
liberando las palabras, las sombras…
las lágrimas cicatrizan, voy cerrando heridas.
Levántate, en mis recuerdos no te quiero de rodillas
pidiendo perdón, ni mendigando un amor que sabías tuyo,
o buscando fantasmas en tantos años de entrega. Te quiero
en mis memorias narrando sensaciones y recorriendo
rincones, entre inspiración, ganas, susurros y notas; al
borde de un beso que se diluye mientras te respiro; del cielo
al infierno agarrados de las manos sin temor al destierro.
El frío me trae de vuelta, tomo aire, limpio mi cara
y veo la hora. Aún estoy a tiempo.

Llaman a abordar. Ya en pie de nuevo, hoy soy libre y vuelo hasta ti en busca de mí, de mi esencia, mi aliento en tu boca, mis suspiros sumisos ante tu voz y la risa que perdí en tus labios: mi tentación.

Ahora, entre nubes, a solo horas del pasado, en un vuelo sereno y sin turbulencias, el ocaso se cuela por mi ventana, me encandila aquel naranja luminoso. Estoy viva y lo siento, siento mi corazón, lo veo calmarse en la inmensidad, mañana volverá a brillar; hace falta atravesar la oscuridad para amanecer de nuevo, ver las estrellas a lo lejos y dejar pasar los días, ver como el viento, en la distancia, arrastra las cenizas que nuestro incendio dejó.

VIVIR SIEMPRE VALDRÁ LA PENA.

/ Decidió tomar aire en la tierra del drama y la sensualidad. Mate, tango y vino para la adicción, allá donde las lágrimas corren lento y se viven, donde la carne te hace débil y te entregas a disfrutarla, acompañada de un buen tinto que acelera la sangre invitando a tomarlo todo o nada. En aquel rincón del sur donde la vida es bohemia y se rinde homenaje a la mujer con arquitectura estilizada y arrogante, recorres historia y desenlaces narrados con ese acento seductor que vulnera los sentidos.

Y ahí estaban, convertidos en uno, dos cuerpos creados para unirse, seduciéndose descaradamente sin importar qué dirán. Se llevaban, se entendían, se deseaban hasta la última nota, se respiraban y se embriagaban, caían y levantaban; cada susurro y suspiro atrayendo la pasión, tomados de la mano sin separar miradas, sin dejar de sentir, alejados del mundo, llegando al paraíso y tan cerca del infierno; al ritmo acelerado de sus palpitaciones y del bandoneón, sumidos en el éxtasis de un piano, aventurados en cada paso, cada acorde. Entrelazados y abstraídos, ambos cuerpos contraídos con la tensión de las cuerdas, dejándose llevar por la sensación y la melodía de algún gemido travieso, sumergidos entre aplausos y la dramática letra del sensual tango que bailaban, asombrando a espectadores en aquella esquina porteña.

/ A orillas de un tango

/ Intento sumergirme

Viajé al pasado para intentar entenderme
y perdí la salida... me quedé largo rato allí.
Sentí que te erizaba la piel y que te la ardía,
que hacía revolotear mariposas en tu panza
y te la revolvía.
Vi tan cerca tu dolor que lo sufrí.

Te señalé, te juzgué, te apunté de frente...
respiré... te viví a través de mis ojos y me
permití inundarlos: limpiando, arrastrando,
haciendo **e s p a c i o.**

Volví cuando decidí... entenderme.

A mí, a ti, a esa referencia, a tu historia
que, por tanta vida, hice mía y que decido
entregar, porque qué sentido tiene
aferrarme a algo de lo que ya me has
liberado en la vía.

/Pensé que entraban por la boca al besar o por los ojos al encontrarse. Las he sentido en la piel al transpirar y entre el ombligo y la pelvis al conversar, para mágicamente conectar.

Quiero un amor que las haga recorrerme sin escatimar; que se sientan en la barriga, que me ericen la piel y me hagan brillar los ojos, los labios rojos, latir rapidito y **estallar.**

No ando cazando mariposas, pero quiero que me habiten
ya.

/Encuentros mañaneros

/ Predicción
o casualidad

Alguien me dijo una vez que llorar por amor
era una prueba de vida y humanidad.
Casualidad o predicción, ese alguien luego
me hizo sentir viva y querer morir
con la misma intensidad.

Algún día le contaré a mi "yo" del pasado
cómo es que los charcos de las tormentas
se pueden secar; cómo es que llega la calma
tras un huracán; cómo es que no toda
humedad ahoga... tanto el agua en los ojos
como en los rincones se puede disfrutar.
Y que aunque sentir intensamente bombea

el corazón, no hace falta quebrarlo para respirar, ni darle el poder a otro de hacerlo latir o apagar. Que hay que dejar que el agua corra; que se puede amar sin esperar, sin posdatas, desde la certeza, la calma y la paz. Que la adrenalina sí es negociable a cambio de felicidad y que, definitivamente, es maravillosa también la plenitud
de la soledad.

Mariposas en el estómago, piel de gallina, ojos encharcados, corazón a millón.
No podía dejar de verlo, no quería.
Es como encontrarse de repente perdida... respiración acelerada, sonrisa tonta y el reflejo de sus matices brillando en mis ojos, coloreándome el alma, llenándome plena de esa ráfaga que invade cada rincón
de mi intimidad.

Cuán mágico puede ser dejarse llevar, soltar el control, el apuro, ignorar el reloj y sentir cómo me baja la velocidad, calma mi ansiedad y me resume a un puntito minúsculo, tan lleno de energía que me dejo simplemente embelesar, conquistar.

/ Selección
de batallas

Nueva adquisición de batallas:
viajar, volar, alejarme de mi hogar...
versus rendirme ante lo inexplicable,
la naturaleza, los milagros, la
importancia de creer y las maravillas
que, por suerte, no puedo controlar.
Esa es la magia de ganarle a la
ansiedad. Dejar de guardarme
el corazón en el pecho
y sentir cómo intenta escapar...
revolotea en mi vientre y late
sin miedo a estallar de felicidad.

EL BESO ROBADO SABE A CHOCOLATE,

EL BESO ESCONDIDO A PIMIENTA

Y EL BESO PROHIBIDO SABE

A CHOCOLATE CON PIMIENTA.

/ Para mí... en ráfagas.
Agitado y sereno;
con ganas, intención y alevosía;
sin neblina, sin ansias;
cerquita, muy cerquita.
Fuerte y débil, sin pausas,
sin guardar para otra vida;
respetuoso y disruptivo,
que me embelese, me alcance,
me ahogue hasta acabarme.
Se funda en mi paz, mi interior, mi aire.
Siembre su estela en mi inspiración,
borre heridas con sudor,
y los miedos con saliva.
Parpadee para no embriagarse,
se rinda ante mis manías,
me presienta, me habite, me debata.
En la ambivalencia de esta profundidad,
o en la sobriedad de la fantasía.

/ No es un manual de instrucción, es un tratado entre amantes

/ Siete estrellas acá y allá

Venezolana acá y en el rincón más recóndito del mundo. Desde donde esté alzaré mi voz, sumaré mi granito y me haré eco de las injusticias que se viven en mi país. No dejé de ser venezolana cuando agarré mis maletas y pasé la frontera; al contrario, eso me ha reconciliado con Venezuela porque en esta esquina del mapa hay tantos venezolanos que me recuerdan el país donde nací y me crié, lleno de risas y de humanidad, un pueblo alegre... siete estrellas, sin necesidad de ostentar otra, porque así son los mediocres cuando agarran terreno: escandalosos como esa estrella oportunista y arrimada.

A quienes critican las opiniones a distancia, los respeto y entiendo, hay que meter el pie en los zapatos del otro para sentir cuánto aprietan... cuánto pega la distancia... cuántas cosas me he perdido... qué tan cierto es el insomnio... y por qué cuentan conmigo.

Mi tesoro más grande está allá, lo más grande y único que tengo en la vida. Di este paso al norte para hacer camino, uno de tantos sueños, intentando dejar miedos atrás y abriendo una puerta a quienes quiero conmigo.

Era mi idea, es mi idea... no soy apátrida ni menos venezolana porque cambió mi código postal: me duele en el alma cada herido y cada vida, tengo a Dios en la boca desde que amanece hasta que termina el día. Los venezolanos somos de familia, sopita caliente y arepitas caseras; de pedir la bendición y encomendarnos a la salida. No nacemos solos, mi corazón está en mi hogar y con mi familia.

/ Tres años...

En este país, en esta ciudad, tan imperfecta que es maravillosa, tan cálida como distante, tan embriagante como solitaria...

Llena de comienzos, tropiezos, empezar de cero y nuevas historias; agradecimientos, confianza, creerse la vida, la gente buena, las oportunidades, la magia.

Tres años en esta ciudad con sabor a arepa, colada y tamales. Hallacas desde noviembre y ponche crema en Navidad: la extraña combinación de sentirse a salvo con la rara nostalgia de no estar allá.

Ya hoy son tres años en esta ciudad desde la que extraño tanto, pero a la que me aferro cada vez más.

… # / La magia de ser mujer

La magia de ser mujer está en arrancar el día queriendo dormir cinco minutos más, subir los sueños a unos tacones o relajarme y alcanzarlos en *flats*.
Tapar las huellas del insomnio, colorear el reflejo y hacer brillar las palabras que saldrán para no regresar.
Vivir entre las ganas de estar y la melancolía de recordar.
La preocupación por lo que es y lo que no sabemos si será.

La duda de dar el salto o esperar una
semana más.
Querer dar tanto y encontrar tiempo
para dar más.
Necesitar otro par de zapatos y el frizz de
los días nublados que transcurren sin verlos
pasar. La piel erizada frente el ocaso o el
roce de una palabra que se dejó colar.
La ternura infinita en los ojos de un niño y
aprovechar la luz roja para parar de pensar.
La efervescencia, las risas, las lágrimas, la
humedad, la ansiedad y las hormonas de un
cuerpo creado para crear.

/ Ella siempre tan coqueta, tan pícara y
persuasiva. Una espía descarada que vaga
por las esquinas, persiguiendo las historias,
se hace pasar por un faro, se refleja en
las pupilas, se cuela por las ventanas,
se asoma tras las cortinas, se desliza entre
las sombras sobre el mar y en la neblina.
Cómplice de tantas noches que nos vimos
a escondidas... ella es igual de clandestina,
solitaria, empedernida; también quiere que
la vean y le digan tonterías, de esas que te
hacen brillar y enrojecen las mejillas.
No es más que una voyerista amante
de nuestras vidas.

/ Ella

¿En el paraíso se cierran ciclos?

/ Del desgano a las manos

Del desgano al motivo,
del motivo a las ganas,
de las ganas a la obra,
de la obra a las manos,
de las manos al motivo.
Sin parar en el desgano
... del desgano al disgusto,
del disgusto al susto,
del susto al gusto,
y del gusto a las manos.

/ Intuición
Engañosa

Quiero un antes y un después,
quiero ganar la esperanza.
No es un chiste, no es en chanza;
quiero volver a caer,
en las redes fugitivas,
de esa razón absoluta
de que el amor es la fruta
más química de entender.
Quiero saber a qué sabe;
ya se me ha ido olvidando
despertar haciendo arepas,
o tan siquiera abrazando.
Quiero perderme en los brazos
de quien aún no conozco,
y sentir que en esta vida

no habrá un "después" de nosotros.
Voy a esperarte de pie,
porque ya estoy algo ansiosa;
yo no fumo, muchas gracias,
la intensidad me desboca.
Quiero esperarte vestida,
para que no ahorremos tiempo;
quiero ver cómo resuelves
cada prenda seduciendo.
Mis ideas trasnochadas,
y las ganas reprimidas;
este tiempo ha sido leve:
nada ha transcurrido en vano.
Yo te he esperado creciendo,
tú has hecho espacio a tu lado,
para amarnos sin prejuicios,
sin razón y sin cansarnos.
Nos querremos convencidos
de que siempre nos presentimos,
hasta habernos encontrado.

/ Hormonas y té de tilo

Es otra oportunidad
y la certeza del camino.
Es el coqueteo inesperado
y el inoportuno traspié del destino.
Es poner cada cosa en la balanza.
Confiar en el amor y en el té de tilo.
Es la licencia para soltar palabras que tal vez luego querrás tragarte;
es temerle a la vida porque tú la empezaste;
es gozarte el instante, vivir el arrepentimiento y volver a la risa recordando el momento;
es la huella del rojo en la sábana, en los labios teñidos o en la copa de vino;
es intención, vida, nostalgia, en un cuerpo esperando ser compartido.

/ Puedo sentir mis huellas rozar
mi crispada piel;
puedo llenar mis pulmones con el
mismo aire que expulso a la vez;
puedo vagar por mí y sentir la
vida que hay dentro.
Quiero entenderme entre
mis caminos,
qué me estremece y qué causa en
mí cada latido.
La velocidad, mi respiración:
controlo con ella cada sensación.
Orgasmo clandestino sal de mí.
¡Sé libre!
Déjame entender por qué mi
aliento se pierde en la travesía de
haberte conocido;
quiero saber por qué estás en mi
garganta reprimido.

Si viajas desde tan lejos para
nublarme la vista,
¿qué haces allá abajo esperando?
Ya he estado acá adentro
y me he reconocido;
viajé por mis rincones
y fue un viaje divino.
Llegué un poco más allá,
fui a mis pensamientos,
usé mis recuerdos
y los di por extinguidos,
mientras sigo esperando
quién **muerda** estos labios rojos
y **devore** mis suspiros.

/ Viajo hasta llegar al final

/ Pensando en el destino

La vida está llena de encomiendas y mandados,
cerciórate de que te correspondan,
te hagan feliz y sean coherentes.
Tal vez te agarren temblando, llorando o cansado,
pero que, por lo menos, te agarren y te abracen
por haberlo logrado.

No los subestimes. Tal vez te arrepientas o cambies
de rumbo, qué genial sería, de no ser así no tendrías
motivo para andar por la vida; nunca crecerás, mientras
no voltees a ver el pasado y darle otro sentido.

Y debo decir que a quien más he amado es al testarudo
que me ha persuadido, logrando hacer cosas que no
imaginaba y me he arrepentido, pero me han asfaltado
el camino.

Desde el equilibrio en tacones hasta el descontrol de nuestras emociones.

/ Fe de vida
de mi país

Y se me caía la baba inmortalizando instantes que en el pasado ignoré, aquel cerro protector, abrazando mi ciudad como si no hubiera un mañana...

Fui recorriendo rincones, miradas y fruterías; mercados, obras de arte, páginas rotas y calles; olores, autopistas, utopías, contrastes y poesías.

Vi mezclar música con culturas y sabores negados a perecer.

Fui hechizada por un chico esmerado en sus texturas, grados de alcohol y razones.

Vi gente reír a pesar de tanto, sumar y compartir su plato, gente feliz y gente intentando.

Vi el cacao desfilar su esencia y esplendor de sabores, de la mano de un montón de creadores que deleitan y se arriesgan a emprender.

Vi un gentío empeñado en recuperar espacios, valores, colores y la fe, apostándole a la magia, confiando, continuando y queriendo creer.

Es la mirada que elijo llevarme; es el sabor con el que me quedo y con el que volveré. No es mi dedo tapando el sol que para abajo alumbra, al lado de un Dios que para abajo ve.

/ Me he dado permiso de vulnerarme

Porque el poder, eventualmente, puede desvirtuar la meta;
no soy socialista y estoy lejos de serlo;
creo en el poder humano y en el liderazgo bien administrado.
He evaluado por qué enfrentarme a tantos miedos;
no juzgo el temor de otros.
Puedo escuchar y estoy convencida de que es una forma de amar;
he vuelto a ser vulnerable, a llorar a mares, a simplemente llorar.
Me he permitido apartarme,
estar un día triste y verlo pasar.

He ido a mí; he estado adentro sin etiquetas, sin títulos, hoja en blanco, dispuesta a evaluar. Algunas veces no me ha gustado e incluso, entonces, he aprendido a abrazarme y respetar.

/ I love
New York

Ahí... donde el alma se debate entre el
castigo y la misericordia.
Espacios que maquillan la tristeza bañada
en polvo y luto por la intolerancia,
el fanatismo y la maldad.
El poder reducido a sal tras
el antojo de derramar.
Una ciudad empeñada en la diversidad
de colores, olores y sabores.
Un caminante que va pateando las esquinas
y disfrutando el arte y sus recovecos como si
no hubiera un mañana, solo ilusión
y sus huellas al pasar.

Esta manzana se impone, se vive y se sabe
viva; es vulnerable y traviesa, te escucha y
se deja interrogar; se va mostrando, no se
arrepiente, se sabe frágil, confusa, necesitas
más de una vida si la quieres descifrar.
Ella exhibe mucho más que cicatrices,
roza las nubes con cristales que te llevan
más allá.
Su contraste navega hacia ser libre,
mientras un taxista con turbante
te cuenta su historia y la de su ciudad.
Puedes cohibirte o dejarte encantar,
perderte en una burbuja en medio del
Central Park, o en su lado clandestino
que seduce si te atreves a probar.

/ Mis grises

Déjame hacer un *break* en esta historia.
Déjame narrarte lo ocurrido.

Mis palabras reposan sobre tus pasos,
tus pasos guían mis manos,
mis manos transmiten tus suspiros y tus llantos.

Unas veces escribo y otras también;
a veces tiene sentido y otras no tanto.

Me rindo hacia lo negro o lo blanco,
también nado entre grises y descubro su serenidad
y su encanto.

/ Mi rey no andaba a caballo

Tenía una voz que te transportaba;
no usaba espada.
Con su sonrisa de medio ganché desarmaba.
No tenía un palacio,
con sus historias nos resguardaba.
No amasó fortuna,
nos dio vida...
mi rey de mundo, anécdotas y travesías.
Brillaba como los genios, luchaba por el país,
echaba cuentos y recitaba poesías.
No estaba siempre, pero estaba todo el tiempo.
Para mí fue el mejor, fue el mío.

/ Elijo confiar

Y mira que he tropezado, pero prefiero confiar.
Dios, líbrame de la frialdad de no sentir un abrazo;
aunque me caiga cien veces,
cien veces me pararé,
y aunque no salga el sol, quiero confiar otra vez.

Dos gotas de agua

jamás serán iguales.

/ Solo una

Solo una madre puede detener el mundo
para recordarnos la felicidad de tenerlas,
de imitarlas desde pequeñas, de ignorar
sus consejos y luego arrepentirnos por no
haber escuchado; de volver siempre a sus
brazos, en caso de descompresión, de darlo
todo por su sonrisa y de buscar esa mirada
cómplice en medio de la indecisión; de
creernos la magia de la vida porque con un
mimo sana la gripe, con un abrazo calma el
dolor, con una sopa nos cura el alma
y las heridas del corazón.

/ A mi ciudad

Yo sé que hoy estás muy triste, que has
perdido muchos hijos; te han golpeado,
te han herido, te han ahogado el llanto
en gases: quieren silenciar tus gritos.

Gracias por darme esta mezcla,
este empuje, esta pasión, ese toque
diferente, sazón en el corazón que le
heredas a tus hijos como prueba
de ese amor.

Yo sé que hoy estás triste, que
no quieres celebrar, pero quiero
agradecerte, sueño verte florecer:
qué bendición fue elegirte justo
antes de nacer.

/ Edad o realidad...

Habitamos un mundo que gira sobre nuestro propio eje. Algunos lo halan a la derecha y otros lo jamaquean a la izquierda; a veces nos da por amanecer aterrados, llorar en caracteres, o criticar... "en el nombre del Padre", de la religión, del ego...
Otras veces, por agradecer y valorar mi mundo aparte, mi templo, en el que solo yo soy responsable de mi reflejo y mi despertar. Este en el que decido respetarme para respetar.
Voy aprendiendo: tropiezo, por suerte me equivoco, sigo hablando mucho, pero cada vez callo más; sigo habitando este mundo, criticando, a veces llorando y otras tantas agradeciendo.
Mientras tanto, agrupo letras, sigo tecleando y, de alguna manera, extiendo mis dedos para poderte tocar.

/ ¿Qué se esconde tras esta necesidad de
dejar fluir mis palabras?
De saberme leída,
hurgada desde tus ojos.
Brindarme a tu paladar,
hacerte morder los labios,
o una sonrisa escapar;
quizá sacarte una lágrima... imaginarla caer.
Yo solo quiero que llegues,
con los dedos enlazados,
a mis letras, emociones,
intensidad, sensaciones.

/ De mi historia
hasta mi ser

Lo único que envidio del paraíso

es andar sin complejos,

¿luz prendida

o apagada?

NEGRO

/ Indulgencia disfrazada de lujuria

("Perdóneme padre porque he pecado")

Víctima del deseo, me dejé llevar por aquel aroma penetrante y empalagoso que invade rincones.

Parecía amargo y fuerte como el café, pero resultó suave y cremoso como mi antojo.

Se derritió en mi boca, despertando sensaciones sin timidez alguna: acabó con mis ganas de empalagarme y picar.

Una receta para pecar, padre: pasión, cacao, lágrimas de azúcar y pimienta al gusto.
Si es creación divina ¿por qué es pecar?

¿Por qué existe, padre?
Un sabor tan prohibido y tan intenso, demasiada tentación saborearlo en secreto, a escondidas.

¿Qué si me arrepiento, padre? Tal vez... de a ratos... pero volvería a hacerlo.

/ Yo puedo sentirte con tan solo un roce;
mi índice en tus pliegues con piel de durazno,
en tus comisuras me empiezo a descubrir.
Quiero ver qué escondes tras esa coraza,
oler tus palabras antes de sucumbir.
Vagar por tu pecho antes de devorarte,
y delicadamente empezar a hojearte.
Tratar de entenderte y cambiar mi postura,
nuestros pensamientos se han de alinear
cuando vuelva a verte con distintos ojos,
o al recordarte en mi soledad.

Lágrima emigrante, me vas transportando;
deja que me rinda entre tus nostalgias,
mientras te sumerges en mi oscuridad.
Me vas haciendo tuya, te voy perteneciendo;
cada desencuentro me hace suspirar,
las expectativas siguen aumentando.
Nos vemos fijamente, no logro esquivar,
me voy entregando sin temor a amarte.
No hay reloj que aplaque esta curiosidad;
tu cuerpo en mis palmas: llévame contigo.
Mis manos te indican la velocidad,
cada parte tuya me va recorriendo;
la luz se disipa y debo regresar.
Te quiero sereno, pero no en penumbras;
necesito verte mientras te descubro,
consumirte lento mientras me estremezco;
me mojo los labios y te abrazo a mí,
y tal vez te aturdan mis respiraciones,
después de todo eres frágil ante mí.
Fino y tembloroso cuando abres tu alma,
fuerte e impetuoso cuando te presentas ante mí.
Es una proeza parar,
tal vez necesitas descansar,
reposa en mis manos,
no te vayas lejos:
quédate a mi lado.
Duerme junto a mí;
cuando salga el sol vuelve a mi regazo
y no me permitas dejarte ir,
hasta que tus líneas hayan culminado,
hasta que esta historia llegue a su fin.

/ A pie de página

/ La abuelita

Tú ya no das muchacho, ¿verdad? ¡Qué fuerte! Como si fuera una mata de mango.
Esa ~~dulce~~ pregunta, una mañana, la manifestó la tierna abuelita materna de esta historia, cuyo legado al mundo son ocho niños varones y dos niñas hembras, como consta y reitera en partidas de nacimiento sin garantías de identidad sexual.

En aquel entonces, yo tenía treinta. ¿Qué pensará ahora de esta nieta de casi cuarenta que aún no tiene planificado "dar muchachos"?

Las prioridades de las mujeres han cambiado, aunque confieso que esa mañana, al terminar de despertar y asimilar bien aquel balde de agua fría que soltó la abuelita, mientras aún tenía la marca de las sábanas en la cara y el cabello en forma de almohada, la preguntita me retumbaba como si fuera algo que debía resolver de inmediato.

¡Vaya preocupación! Si a alguien le parece complicado en esta época tomar la decisión de hacer muchachos, pues debe saber también lo complicado que es conseguir con quién fabricarlos. Pero la abuelita no demoró en disparar una frase peor que la otra: "no, pobrecita, esa quedó para vestir santos".

Par de cafés, un buen baño y una arepa hicieron falta para reaccionar y entender que prefiero **desvestir** y no precisamente santos, que los tiempos son distintos, y sin el más tonto prejuicio, cedo el privilegio a mis nueve productivos tíos y su descendencia... esquivando las sentencias de mi abuela; dejar fluir la vida a mi lado, adaptándonos la una a la otra, ella a mi impaciencia, nuevos puntos de vista y control, y yo a sus enredos, reglas por romper, lazos de sangre y contradicciones.

/ Desde el avión...
San Juan de Puerto Rico
21/11/11
7:00 p.m.

Mientras volaba hacia mi nuevo destino, dormía y me despertaste; ibas a mi lado, interrumpiste mi sueño para hacerme una de esas preguntas que respondo con antipatía. Abrí los ojos y creo que fuiste al baño, ya no estabas.

Cinco minutos más tarde, volví a dormirme, pasaste tu mano por mi cara y me cuidaste el sueño. Decidí no abrir los ojos, solo dejé que me consintieras, me quedé acurrucada en esas noches cálidas que nos cuidamos juntas con los ojos cerrados, estiré mi mano y toqué tu pierna.

Desperté aferrada al apoyabrazos: no olía a ti, de hecho, no olía a café ni arepas, pero igual supe que estuviste ahí, que siempre me acompañas y que viajarás a mi lado hasta que volvamos a estar amorochadas.

Solo quiero que valga la pena, que esas lágrimas que te hice botar se conviertan en sonrisas el día que vuelva a verte, el día que estemos las tres juntas de nuevo, porque hoy entendí que no quiero una nueva vida, solo quiero la que tengo con un rumbo diferente.

Sigo mis sueños y en ellos hay un camino que me prepara para cosas nuevas, me fortalece, me hace una mejor persona, más humilde, más paciente, más resistente… y nos reencuentra para seguir andando juntas, más hija, más agradecida, más real, más humana.

/ Tragar grueso
y emigrar

El verdadero significado de la palabra emigrar es llevar el corazón de un lado a otro, para mantenerlo a salvo e intentar protegerlo de tanto extrañar.
Es tener fe en el destino, aprender a confiar.
Es entrenar la mente para creer firmemente que pronto nos volveremos a abrazar.

Es luchar a diario contra el fatalismo y darle un parado al miedo de que algo malo pueda pasar.
Qué vaina con el apego, los nervios y la ansiedad que hacen que los "adioses" y "hasta pronto" se lean y sientan a distinta velocidad.
Es agradecer a la vida cada instante, cada risa, cada palabra, paralelo al conflicto interno por siempre querer dar más.

CREA LA MAGIA QUE NO LOGRAS ATRAPAR.

/ A la ansiedad hay que darle la bienvenida...

y amablemente mostrarle la salida.

No sé en qué momento llegó, solo sé que la reconocí ahorita. No había tenido la oportunidad de sentarme con ella a preguntarle, escucharla, entendernos y más que aprender a convivir juntas, explicarle que cada una necesita su espacio; tuve que ser trillada y decirle que no es ella, que soy yo, quien a pesar de los años a su lado, ahora necesito poner límites; que no es sano depender de ella y que en el futuro ambas nos lo agradeceremos, así como yo hoy le agradezco haberse sincerado y dejar de vivir junto a mí tras una careta.

Tal vez nunca quiso esconderse, solo se protegía o yo prefería ignorarla, el caso es que me ha hecho compañía durante una vida y hoy solo le permito visitas eventuales. Confieso que no siempre la recibo amablemente: suelo evadirla, pero cuando las excusas están en el horno, ella ya está en la sala probando los pasapalos, literal. Es astuta; debo cerciorarme de no invitarla inconscientemente, suele pasar, incluso con algunas personas.

Este año nos dimos la mano, tuvimos buenas conversas, dejé de odiarla; evito esconderme de ella en mi propia casa tras los espejos; dejé de sentirla como enemiga y entendí que algo creado por mí no puede odiarme si yo no me odio. Aún estoy aprendiendo a llevar la fiesta en paz, porque finalmente veo que ha querido enseñarme.

Me hizo tocar fondo para mostrarme un atajo oculto al que nunca hubiese llegado por miedo a la oscuridad o a ir sola; tal vez no lo hizo de la mejor manera, pero me llevó hasta allá: ella sabe que por las buenas no me hubiese arriesgado.

Aún le temo a sus visitas porque me sé vulnerable, pero ahora podemos pasar tiempo juntas sin hacernos daño, sin ataques, tan solo escuchándonos u observándonos. Pacto de no agresión.

Ha sido un detonante importante en mi búsqueda, en este querer entenderme. Admito que estoy en la recuperación de esta Azalea que en algún momento permití apagar, al vivir llena de miedos y volverse cómoda entre ellos.

Recorrer el túnel finalmente ha sido el camino correcto para volver a **brillar.**

/ Escudo
del corazón

Guardián de latidos.
Columnas que el tiempo va cimentando
cuando el miedo a sentir se impone a
los suspiros.

Dejar entrar, salir, dar y recibir...
márgenes de riesgo, conceptos vacíos.

Un alma que teme reabrir la herida mal
remendada, se esconde de ti, de mí,
de sí misma.

De la frustración y la expectativa.
De lo que fue, del dolor, del futuro.
La estructura ósea está diseñada para
proteger... y la mental, para ser partida.

/ No te extraño a ti, me extraño en tu boca

¿Y qué pasa si te digo que te extraño?
Que extraño a quien era cuando te veía.
Ese desparpajo y esa incoherencia.
La desfachatez que desarrollé al quererte.
Los orgasmos, la risa fácil y los escalofríos.

Extraño el deseo que causaba en ti.
Extraño el susurro, el secreto, el desliz.
Estar escondidos, pero tan presentes que no había
temores ni futuro consciente.

Extraño las esquinas donde perdí el aire,
y los lugares donde nos arriesgamos a perder la vida
o dejar de vivir.

Extraño tu aire con olor a menta,
y nuestra torpeza intentando encajar;
nuestra impertinencia al creernos invisibles;
nuestro destiempo y hasta tu maldad.

Extraño tu inminencia, tu risa estruendosa;
tu voz pegajosa y tus ganas de más;
tus labios traviesos y manos curiosas,
y mis rincones dejándose hurgar.
Extraño tu empeño y gemido discreto, con los labios
rojos al verte llegar.

Pero no he extrañado, ni por un segundo, llorarte
dormida intentando olvidar.
Perderme en la ausencia de quien nunca estuvo y
descubrir quién soy, sin llevarte dentro hasta acabar
de extrañar.

/ Porque has parido tantos, adoptado a muchos y libertado a otros...

Hijos ingratos, hijos perdidos, hijos pródigos y peregrinos; hijos sumisos e hijos guerreros, descarriados y agradecidos.

A todos les das cobijo, días cálidos y húmedos; días andinos, días playeros, días de sabana, arena y desierto. Noches de *Alma llanera,* cielo estrellado y *Caballo viejo...* ¡Algún gallo canta para empezar de nuevo!

Has llorado a tantos mujer... y aún maltratada amaneces... naranja, jugosa y fresca por alguna ventana, y hasta das los buenos días con un destello de sol en la mirada. O esbozas una sonrisa que nos oxigena el alma... ¡viendo el Ávila desperté tantas mañanas!

Pujante,

luchadora,

guerrera y pasional.

Intensa,

trabajadora,

amable,

humilde y vivaz.

Aún te recuerdo alegre... tricolor rebelde y luchadora. Una mujer siete estrellas, que canta como turpial y también toca cacerolas...

/ A tu manera, papá

ESTO ERA UN REY QUE TENÍA (...) UN REBAÑO
DE ELEFANTES, UN KIOSKO DE MALAQUITA,
UN GRAN MANTO DE TISÚ, Y UNA GENTIL
PRINCESITA, TAN BONITA, MARGARITA,
TAN BONITA, COMO TÚ.

Rubén Darío.

Mi aventurero, mi orgullo, hombre de mundo, burbujas
y champagne. Mi hombre brillante, mi impulso,
mis ganas de ser, mi miedo a abandonar.

Entre páginas y tangos, Gardel, Borges, Benedetti,
Sinatra, Beatles y el tío Sam. Don Perignon, Vargas Llosa,
Buchanan's y Libertad. Mi rebelde clandestino que se fue
sin esperar. Yo sabía que te irías, yo te sabía mortal, pero
mi alma de princesa no me permite aceptar que mi rey no
esté a mi lado y no pueda oírte decir más... "HIJITA".

Mi herencia para las letras, mi sangre igual, mi carácter.
Mi miedo a ser frágil, mi esencia. Mi raíz, mi intensidad.
Mi poesía, mi poeta. Mi esperanza, mi nostalgia... Empire
State, Taj Mahal, deseos en la Fontana, rumbo a Grecia y
a Bagdad. Las historias de Miranda, María y el viejo Iván.

Trago amargo, seco y triste... medio ganché se me va.
Basta con cerrar los ojos para volverte a encontrar, pero
al extender mi mano ya no te puedo abrazar...

Perdona mi cobardía, tal vez pude darte más... llega
hasta mis pensamientos y dame serenidad, necesito tu
fuerza para poder continuar.

A tu manera viviste y a tu manera partiste...
"qué barbaridad", por favor... "Caña pulpero",
que se me fue mi papá.

**A veces
te busco
y otras te
espero.**

/ Mi país está en llamas

Hoy busqué refugio en Dios para poder arrancar estas líneas.

¿Cómo se amarra entre el pecho un corazón ya sin miedo? ¿Cómo calmar el ímpetu joven con ansias de libertad? ¿Cómo alentar a una madre que ve partir a sus hijos? A las que los despiden o a las que una bala se los arrebata. ¿Cómo refugiar la fuerza? ¿Cómo mantener la calma? ¿Cómo callar la esperanza?

Nos matan por despertar... y a quienes no matan, los matan de hambre.

Y así amaneces mil veces y se hace costumbre alejarnos del mañana... se vuelven frecuentes las páginas de luto y las cifras rojas nos empañan la mirada. Se deprecia la vida, se hace pesada... densa... oscura... cruda y devaluada.

País de contrastes, mi país bipolar, la misma Venezuela de mujeres hermosas, se corona en las planas con alto índice de decesos. Entre morgues colapsadas y armas mal repartidas, soleadas colas con hambre y despensas desmigajadas. Mi Venezuela reacciona, rompe cadenas y amarras, nubes de humo dispersan, las lágrimas nos embargan, entre el llanto del dolor, ausencia de paz y heridas del alma...

¡Cómo dueles Venezuela! Tan cerca y en la distancia… te siento en cada latido, tan llena de intolerancia. Me duelen tus vidas, te torturan y te marcan, te violentan, te maltratan, te asfixian y te amordazan. Entre amperios y voltajes te descargan, un fusil no solo sirve como arma, te impacta y te penetra con la dignidad descalza, las manos llenas de calle y de siete estrellas blancas, y ese nudo en la garganta que no te deja llorar por no desgarrar palabras. Te ahogan en la apatía, el hambre y mediocre andanza de quienes hacen tus leyes y luego las desbaratan…

"Prefiero morir de pie, que una vida de rodillas", gritan nuestros estudiantes ante el yugo de un gobierno que se niega a doblegar y bajarse del coroto, porque es fuerte la limosna, cuando se ha robado todo.

Entre el presente y la vida, ¿cómo no tener confianza?, si tengo a Dios en el pecho y a Venezuela en el alma. Si tú me viste nacer, ¿cómo no darte mis ansias?, ¿cómo dejarte morir?, ¿cómo perder la esperanza?

/ Mi cobardía

Seguro él nunca hubiese huido. Amaba demasiado su país, vivió por él tantos años. También disfrutaba el mundo, disfrutaba viajar y recorrer más allá de las fronteras, pero siempre volvía a su suelo, sus riesgos y sus avenidas. No existe mejor rincón en el mundo para su descanso. De alguna manera todos volvemos. Fue nuestra cuna, y al hogar siempre se regresa.

Seguro él no hubiese huido... tal vez no le aprendí tanto. Él amaba saltar el charco a Europa de vacaciones, igual que atravesar el Guaire a pesar del tráfico. Viajaba, recorría el mundo, aprendía y volvía a casa; él la vivía y la añoraba: respirarla, caminarla, sus ideales, sus rincones, su desfachatez, su libertinaje y su esperanza... sus sueños, sus túneles, sus apuros, sus cornetazos, su ritmo; sus tiempos, sus mujeres, sus matices. Letras, páginas, titulares y sus tintes. La política, sus murales, su arte y su esperanza, de nuevo, la esperanza. Mi papi fue un pica flor, seductor empedernido, amante de Venezuela, más por terco y rebelde amante de lo incomprendido. En sus ojos descansa el Ávila embriagante, nostálgica cuna de su Caracas de ayer, de anoche y de antes. El mejor rincón del mundo para su retiro, el lugar ideal para su descanso.

/ Recopilación de historias de las protestas

Del himno a un Ave María (Homenaje a los caídos durante las protestas)

Señor, dame la confianza
para ayudar a mi hermano, quien me ha tendido la mano
cuando ya estoy por caer.
De la tristeza al horror,
valentía y corazón;
reír nunca dolió tanto... esto no es cuestión de honor.
Ya no quiero sentir esto,
quiero un antes y un después,
yo quiero alzar tus pedazos para pegarlos después.

De la asfixia al horizonte,
así se me ha ido la vida;
por fin me iba a enamorar,
iba empezando a quererla;
ya no la podré tocar.

Será en otra vida, madre;
dejé el violín en la casa,
él me habría de cuidar,
me servía de amuleto
e inspiración al cantar.

Yo marchaba por lo nuevo,
por algo que desconozco,
pero me han contado tanto.
Yo solo lancé unas piedras
porque no tenía más;
el gobierno me ha enseñado
a querer mi libertad.

A quemarropa;
un instante;
una vida;
un suspiro;
una bomba;
un abrazo.

Un beso para la historia,
una historia que contar,
un cuento aquí en mi memoria,
una memoria que **prohíbe olvidar.**

/ Irracional

Es como dejar en libertad a una jaula.
Acabar con el karma.
Pero su naturaleza es enjaular: mientras esté libre
intentará encerrarte... el karma continúa,
solo si tú lo permites, si te dejas encerrar.

/ Mientras apareces, acá te espero...

Yo quiero un príncipe azul de verdad;
que baile, abrace y le guste cocinar;
que se parezca un poco a papá;
que mi madre lo critique cuando lo vea caminar,
y que se la gane a pulso para hacerme delirar.

Este mundo se hizo para compartirlo,
las penas y las deudas, entre dos, se hacen menos.
Las risas en pareja alborotan más.

Tanta soledad es para ser disfrutada
solo por unas traviesas madrugadas;
quiero oírte roncar al lado de mi almohada,
y quedarme sin cobija en una orilla de la cama.

Yo solo quiero un príncipe azul
que no se acueste molesto;
que haga el amor sin pretextos;
que tenga mucha energía
para aguantar mis manías;
que quiera a su mamá,
y también quiera a la mía.

Yo quiero sentir esa corriente
que hace que se pare todo de repente;
que hace que me derrita con tan solo verte,
Y que cada beso me contraiga el vientre.

Yo quiero más amor del que me ofreces;
yo no quiero tragarme la ilusión,
yo quiero que penetres
y acabes con mi miedo…

Creo tanto en
el amor que sigo

sola.

/ Déjame guardarme la nostalgia

Tanto que agradecer y lloro tanto.

Ya voy a ponerme a hacer hallacas.

No quiero perder las tradiciones
que me han hecho quien soy, aunque ahora llore.

Lejos de su ala y de su encanto,
lejos de su olor y su sazón,
mis ojos se encharcan y me espanto.

Soy una romántica de clóset,
le rezo a la vida y a sus santos.
Quiero perdurar en sus presentes,
evitar vivir en el pasado.

Pero cómo le hago si fue ahí
donde se sembraron mis raíces,
donde están guardados nuestros santos,
donde se escribieron muchos cuentos,
donde comenzaron.

Llévate lo malo viejo año.
Gracias por traerme hasta el final;
gracias porque puedo despedirte;
gracias por las copas de champagne;
gracias por las risas burbujeantes;
gracias por hacerme recordar.

Déjame guardarme la nostalgia;
tanto que agradecer y lloro tanto.

/ Un café con anarquía (Crónica sobre un vigilante en dictadura)

El crujido de una vieja silla marca el inicio de la jornada frente al mostrador. La noche oscura y serena: una tensa calma que se ha vuelto común en los rincones caraqueños, venezolanos. El bajo sueldo y los precios altos no aguantan otra noche en vela, resguardando aquel espacio comercial. Hace falta un café.

El desvelo es tácito en el sueño venezolano, pero pega en la cama al poner en perspectiva la almohada: los bolívares y el verde, en paralelo, tornándose oscuro como las madrugadas antes del sol, e innegociable... más pesado que una vida y más valioso que la pérdida de muchas.

Un guayoyo que combina con la hora. Y un humito caliente que contrasta con el gas picante que nubla la ciudad. Lágrimas de sueño vs. sueños (inundados) empañados por lágrimas. El segundero parpadea: 1:00 a.m. Bebe un sorbo caliente que lo hará espabilar y enciende la tele en busca de historias que oculten tanta realidad, mientras ve acercarse hacia él un mal llamado "Guardia Nacional".

/ Hoy recuperé la memoria

Hoy recordé qué se siente volver a casa. Y sentí su nostalgia y su melancolía: las asumí, entendí, las hice mías.

Hoy recordé cuánto
disfruto ver a mi
mamá regar
sus matas;
lo divino del olor a
café y guayaba
en su cocina;
cuánto me gustan los
mercados de flores,
y lo mucho que amo
los sonidos de su
jardín.

Hoy estuve en su piel;
rememoré unos años
y me estremecí.

Qué fácil es juzgar
y exigir;
qué duro es
deslastrarse en el
tiempo y envejecer
lejos de sí.

/ Diario de una melancolía

Siete años,
siete años encontrando razones en la melancolía,
queriendo volver a enamorarme, mientras disfruto
atardeceres en mi cocina.

Siete años buscando sinónimos y corrigiendo perspectivas, ocultando lágrimas de las teorías y escondiendo sonrisas para no abrir heridas.
Siete años perdiendo un poco de mí y ganando
algo de todos.
Siete años creciendo y haciéndome frágil ante la rutina.
Siete años logrando la estabilidad que ahora no recuerdo por qué quería.
Siete años de esta extraña tranquilidad que si volviera
a perder, extrañaría.
Siete años aprendiendo a navegar por esta humedad, vaciando un cordón que, aunque está roto, me llena de amigos, de Ávila... de células que dan vida.
Siete años permitiéndome soñar sin tener una imagen clara de lo que vendrá.
Siete años perdiendo el aire en los aeropuertos y esperando las bienvenidas.
Siete años confiando y dejando ir la fe, soltando
y abrazando otra vez.
Siete años celebrando "Acción de Gracias",
unas veces convencida y otras queriendo correr.
Más 2.500 días celebrando los matices de este cielo, derritiéndome con las familias de patos y los manatíes... llorando de emoción por los delfines;
intentando ser mejor porque el mundo lo merece, porque esta oportunidad y sus sabores siempre traerán lunas llenas para agitar la marea... y dejarse llevar.
Y en esta piel hay hormonas que justifican llorar, según calendario, nostalgia y vulnerabilidad celebrando
y brindando la expectativa de lo que vendrá.

/ Insomnio furtivo

"HE RENUNCIADO A TI".

Mario Benedetti.

"He renunciado a ti", reza un poeta,
y me pregunto cómo logró renunciar;
cómo se cierra ese ciclo,
cómo se sana una herida,
cómo renuncias a todo lo que fue tu alma ardida,
cómo se arranca la hierba que crees que no está viva.
No se renuncia, se aprende;
se aprende a maquillar la vida.

LAS LETRAS CURSIVAS
SE AFERRAN UNAS A LAS OTRAS
PARA NO PERDERSE:
LAS PALABRAS VALIENTES
NO TOLERAN EL MIEDO.

/ Con los pies en la arena

Si la vida me trajo hasta ti
es porque entre tú y yo hay un "nosotros".
Más agua salobre que gotas de mar,
más intensidad, menos lágrimas.

Mucho espacio en lo profundo y tanto que hacer
en la orilla.
Perdámonos en la espuma,
llena mis rincones, mis instantes,
como si la arena no quemara
y el sonido de tus olas no me embelesara.
Arrogante, vuelve a enredar mi cabello con tu aire.
Marea de sensaciones
vas y vienes, no descansas.
Me rozas y me humedeces,

tú te vas en un **suspiro,**
yo voy cerrando los ojos,
me pierdo en ti y me despido.
Cuán frágil soy a tus pies,
qué fácil es entregarse...

EN CASO DE...
ROMPA EL VIDRIO.

La vida es corta, pero los recuerdos son para toda la vida.

La sutileza de ser mujer se mimetiza con el encanto de ser hombre.

Adicta a mis seis sentidos.

El arte como expresión dual: lo más colectivo e individual.

Lo mejor para mi estómago son las mariposas.

Jarabe de lengua para el alma.

Érase una vez un amanecer a espaldas en tu boca.

El amor ya está hecho, solo se desnuda
y se entrega.

Los tacones me aprietan,
el sostén me da calor,
lanzarlos cuando llego a casa
me sale del corazón.

Si tú no soportas estar contigo a solas,
¿por qué otros lo soportarían?

Esto no tiene un por qué ni me dejó
cicatrices.

Ser, parecer o pertenecer.

¿Acaso a Adán se le hubiese ocurrido probar
la manzana sin la influencia de Eva?

Una manzana roja vale 30 Padre Nuestros
y varias Ave Marías.

La arrogancia tiene ciertas garantías.

Ese dedo que apunta hacia adelante es el
mismo que apunta al espejo.

En momentos de desesperación, no sobre
pensar, no sobre comer, no sobre evaluar,
no sobre textear, no sobre coger...

/ Epílogo

Gracias por confiar.
Por llegar hasta acá.
Por creerte este sueño y ser parte de él.
Por acompañarme en este camino, guardar mis palabras en tus memorias y, quizá, regresar.
De hecho, es muy probable que seas diferente cuando vuelvas a estas líneas, pues todos somos diferentes cuando volvemos al mismo lugar.
Acá te espero siempre.

Este libro, lleno de sentimientos a flor de piel,
se terminó de crear y diseñar en octubre de 2021.

www.ingramcontent.com/pod-product-compliance
Lightning Source LLC
Chambersburg PA
CBHW071005160426
43193CB00012B/1924